La primera vez

Voy a la biblioteca

Melinda Radabaugh

Traducción de Patricia Cano

Heinemann Library
Chicago, Illinois

©2003 Heinemann Library
a division of Reed Elsevier Inc.
Chicago, Illinois

Customer Service 888-454-2279
Visit our website at www.heinemannlibrary.com

Designed by Sue Emerson, Heinemann Library
Printed and bound in the United States by Lake Book Manufacturing, Inc.

07 06 05
10 9 8 7 6 5 4 3 2

Library of Congress Cataloging-in-Publication Data
Radabaugh, Melinda Beth.
  [Going to the library. Spanish]
  Voy a la biblioteca / Melinda Radabaugh; traducción de Patricia Cano.
      p. cm. -- (La primera vez)
  Translated from the English.
  Summary: Describes what one might see and do when visiting a library for the first time.
  ISBN 1-4034-0238-8 (HC), 1-4034-0476-3 (Pbk.), 1-4034-3817-X (BB)
1. Libraries --Juvenile literature. [1. Libraries. 2. Libraries. 3. Spanish materials.] I. Title. II. Series.
Z665.5 R.3418 2002
027--dc21

                                                         2002032720

Acknowledgments
The author and publishers are grateful to the following for permission to reproduce copyright material:
p. 4 Robin L. Sachs/PhotoEdit, Inc.; p. 5 Mug Shots/Corbisstockmarket.com; p. 6L Michael Paras/International Stock; p. 6R Ken Martin/Visuals Unlimited; p. 7T Guy Cali/Stock Connection/PictureQuest; pp. 7B, 10, 11, 13 Brian Warling/Heinemann Library; p. 12 Jose L. Pelaez/Corbis; pp. 14, 16 Michael Newman/PhotoEdit, Inc.; p. 15 Keith Brofsky/Getty Images; p. 17L Norbert Schiller/Liaison/Getty Images; p. 17R Ed Young/Corbis; p. 18 Robert E. Demmrich/Stone/Getty Images; p. 19 George Ancona/International Stock; p. 20 SW Productions/PhotoDisc; p. 21 Eric Anderson/Visuals Unlimited; p. 22 (row 1, L–R) Heinemann Library, RDF/Visuals Unlimited; p. 22 (row 2, L–R) Heinemann Library, John A. Rizzo/PhotoDisc; p. 22 (row 3, L–R) PhotoDisc, Heinemann Library; p. 23 (row 1, L–R) Heinemann Library, Brian Warling/Heinemann Library, Norbert Schiller/Liaison/Getty Images; p. 23 (row 2, L–R) Ed Young/Corbis, Heinemann Library, Ed Young/Corbis; p. 23 (row 3, L–R) Ed Young/Corbis, Heinemann Library, Heinemann Library; p. 23 (row 4) Heinemann Library; p. 24 Heinemann Library; back cover (L–R) Brian Warling/Heinemann Library, Heinemann Library

Cover photograph by Robin L. Sachs/PhotoEdit, Inc.
Photo research by Amor Montes de Oca

Every effort has been made to contact copyright holders of any material reproduced in this book. Any omissions will be rectified in subsequent printings if notice is given to the publisher.

Special thanks to our bilingual advisory panel for their help in the preparation of this book:

Anita R. Constantino
Literacy Specialist
Irving Independent School District
Irving, TX

Aurora Colón García
Literacy Specialist
Northside Independent School District
San Antonio, TX

Argentina Palacios
Docent
Bronx Zoo
New York, NY

Leah Radinsky
Bilingual Teacher
Inter-American Magnet School
Chicago, IL

Ursula Sexton
Researcher, WestEd
San Ramon, CA

We would also like to thank the teachers, staff, and students at Stockton Elementary School in Chicago, Illinois, for their help with this book.

Unas palabras están en negrita, **así.**
Las encontrarás en el glosario en fotos de la página 23.

Contenido

¿Qué es una biblioteca?. 4

¿Dónde hay bibliotecas? 6

¿De qué tamaño son las bibliotecas? 8

¿Qué hacemos en una biblioteca? 10

¿Qué más hay en una biblioteca? 12

¿Qué libros hay en una biblioteca? 14

¿Quién trabaja en la biblioteca? 16

¿Qué es la hora del cuento?. 18

¿Qué podemos llevar a casa? 20

Prueba 22

Glosario en fotos *23*

Nota a padres y maestros. *24*

Respuestas de la prueba. *24*

Índice *24*

¿Qué es una biblioteca?

Una biblioteca tiene libros para todos.

Es un lugar sin ruido para leer.

En una biblioteca podemos hacer
la tarea de la escuela.

¿Dónde hay bibliotecas?

Hay bibliotecas en la ciudad.

Hay bibliotecas en el campo.

Hay bibliotecas en las escuelas.

También hay bibliotecas en los salones de clase.

¿De qué tamaño son las bibliotecas?

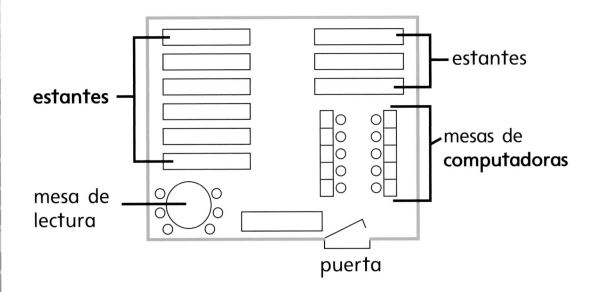

estantes

estantes

mesas de computadoras

mesa de lectura

puerta

Unas bibliotecas son muy pequeñas.

Todos los libros están en una sala.

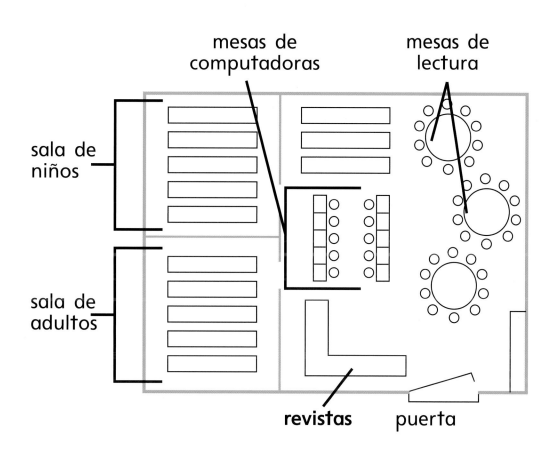

mesas de computadoras

mesas de lectura

sala de niños

sala de adultos

revistas

puerta

Otras bibliotecas son grandes.

Los libros están en varias salas.

¿Qué hacemos en una biblioteca?

Podemos mirar libros.

Los libros están en **estantes**.

También podemos leer **revistas.**

¿Qué más hay en una biblioteca?

En las bibliotecas hay **computadoras.**

Las computadoras nos ayudan a buscar libros.

Las bibliotecas tienen **casetes**.

Podemos oír música o cuentos.

¿Qué libros hay en una biblioteca?

Unos libros son sólo para niños.

Hay libros de **ficción** y libros de **información**.

También hay libros para adultos.

¡Hay libros de casi todo!

¿Quién trabaja en la biblioteca?

Los **bibliotecarios** trabajan en las bibliotecas.

Nos ayudan a buscar libros para leer.

Los **archiveros** ponen los libros
en los **estantes**.

Los **ayudantes** nos prestan libros.

¿Qué es la hora del cuento?

La hora del cuento es una hora especial para los niños.

Los niños van a la biblioteca a oír cuentos.

Un **bibliotecario** lee un libro en voz alta.

A veces, unos niños ayudan a contar un cuento.

¿Qué podemos llevar a casa?

Podemos llevar libros y **videos**.

Para sacarlos necesitamos una **tarjeta de biblioteca**.

Podemos quedarnos con los libros unos días.

¡No se te olvide devolverlos a la biblioteca!

Prueba

¿Qué se hace en una biblioteca?

Busca las respuestas en la página 24.

Glosario en fotos

casete
página 13

bibliotecaria
páginas 16, 19

archivador
página 17

ayudante
página 17

tarjeta de biblioteca
página 20

estantes
páginas 8, 10, 17

computadora
páginas 8, 9, 12

revistas
páginas 9, 11

video
página 20

ficción
página 14

información
página 14

23

Nota a padres y maestros

Leer para buscar información es un aspecto importante del desarrollo de la lectoescritura. El aprendizaje empieza con una pregunta. Si usted alienta a los niños a hacerse preguntas sobre el mundo que los rodea, los ayudará a verse como investigadores. Cada capítulo de este libro empieza con una pregunta. Lean la pregunta juntos, miren las fotos y traten de contestar la pregunta. Después, lean y comprueben si sus predicciones son correctas. Piensen en otras preguntas sobre el tema y comenten dónde pueden buscar la respuesta. Ayude a los niños a usar el glosario en fotos y el índice para practicar nuevas destrezas de vocabulario y de investigación.

Índice

archiveros 17

ayudantes. 17

bibliotecarios 16, 19

casetes 13

computadoras. 8, 9, 12

estantes 8, 10, 17

ficción 14

hora del cuento. 18–19

información. 14

libros. 4, 8, 9, 10, 12,
        14, 15, 16, 17, 19, 20, 21

niños 14, 18, 19

revistas 9, 11

tarjeta de biblioteca 20

videos. 20

Respuestas de la página 22

leer **revistas**

oír **casetes**

leer libros